Género Fantasía

I0794554

Pregunta esencial

¿Qué puedes hacer para que tus amigos se sientan bienvenidos?

Los patines amarillos

Ángela María Pérez Beltrán
ilustrado por Gil Robles

Capítulo 1

Un regalo asombroso

A Coral siempre le fascinó el patinaje artístico. Le gustaba observar las figuras que realizaban los patinadores profesionales. Admiraba todas las modalidades, tanto el patinaje libre como el de figuras o el sincronizado.

El día de su cumpleaños, la niña recibió un regalo de su tía. Venía en una caja envuelta en papel violeta y traía una tarjeta que decía: "Este regalo te sorprenderá".

Coral abrió con mucho cuidado la caja y sintió un olor particular. No supo qué era.

—Puedo ver que ese olor te molesta un poco —dijo su tía—. La caja es antigua, por eso huele como si estuviera mohosa.

Coral siguió sacando envolturas de la caja. Por fin, encontró un par de patines amarillos, de cuatro ruedas. A ella le encantaron porque el color era inusual. Le dio las gracias a su tía, quien se alegró al ver la cara de felicidad de la niña.

—Estos patines me los regalaron cuando tenía tu edad —anotó su tía—. Y los guardé como un tesoro. Hoy pasan a ser de tu propiedad.

Tía y sobrina salieron de la casa para que la niña estrenara los patines. Se los puso junto con los protectores para que fuera confiable su uso. Al principio, Coral no podía mantener el equilibrio, se sentía un poco ridícula, pero al rato era toda una experta.

AHORA COMPRUEBA

¿Por qué la caja tiene una tarjeta que dice: "Este regalo te sorprenderá"?

Cada vez se sentía más segura. De repente, sintió que los patines se dirigían adonde querían. "Me estoy imaginando cosas", pensó. Miró a su tía y le propuso que la acompañara al parque. Allí, se encontró con unas niñas que tenían patines azules. A una de ellas le pareció bastante curioso el color de los patines de Coral, pues parecía que brillaban.

Luz, otra de las niñas, se presentó y empezó a hacerle preguntas a Coral.

—Hola, soy Luz. ¿Te gustaría patinar con nosotras? ¿Dónde conseguiste esos patines?

Detective del lenguaje **¿Qué indica la raya con la que empieza la oración subrayada?**

—Por supuesto, me encantaría patinar con ustedes —contestó Coral emocionada—. Los patines me los acaba de regalar mi tía. ¡Y ya estoy encariñada con ellos!

De pronto, los patines de Coral adquirieron personalidad. Avanzaron por su cuenta en zigzag y luego dieron media vuelta. Todas las niñas se sorprendieron al ver lo que hacían estos patines. Coral lucía como una gran patinadora y hacía movimientos geniales.

—Esto es muy divertido. ¡Genial! —dijeron a un tiempo Coral y Luz.

Capítulo 2

Patines con chispa

Luz le explicó a Coral que ella y sus amigas formaban parte de un equipo de patinaje artístico, cuya modalidad era danza.

Luz quiso saber si Coral quería ser parte del equipo. Ella respondió que sí porque le encantaba patinar y bailar.

Todo el equipo, con su nueva integrante, fue al lugar de entrenamiento. Allí le mostraron la pista donde hacían las prácticas.

Cuando llegaron al lugar, las niñas formaron un gran barullo. Luz, danzando en sus patines, se acercó a la entrenadora del equipo y le dijo:

—Entrenadora, acabamos de conocer a Coral. La vimos patinar y creemos que puede ser parte del equipo.

—Bienvenida, Coral —dijo la entrenadora—. Te voy a hacer una prueba: Irás en línea recta, con la mayor rapidez posible, desde esta esquina hasta aquella.

AHORA COMPRUEBA

¿Por qué Coral presenta una prueba?

Coral y sus patines amarillos siguieron las instrucciones a la perfección.

—Ahora, haz unos giros hacia la izquierda y después hacia la derecha. Por último, vas a dar saltos como en ballet —ordenó la entrenadora.

De nuevo, la niña hizo los ejercicios sin problema. Sus patines se comportaban como unos verdaderos expertos. La comunicación entre los dos era eficaz; esto ayudaba a que los movimientos de Coral fueran maravillosos. ¡Nunca había sentido algo así! Era la primera vez en su vida que tenía un regalo con el que sentía tanto bienestar.

En tanto, su tía, quien estaba sentada en las graderías, disfrutaba al ver cómo su sobrina sonreía tanto. Por su parte, la entrenadora, Luz y las demás chicas observaban en silencio el desempeño de Coral.

La entrenadora quiso evaluar las habilidades de Coral como bailarina. Puso un CD y empezó a sonar una canción con mucho ritmo. De repente, los patines amarillos empezaron a brillar. Lanzaban una gran cantidad de chispas doradas. Coral sintió esa energía y empezó a bailar. Las demás niñas entraron a la pista y danzaron animadamente al ritmo de la música.

—Coral —dijo la entrenadora—, te espero mañana, después de la escuela, en este mismo lugar. Algo más, tienes unos patines maravillosos.

Capítulo 3

El equipo ganador

—¿Cómo te sientes ahora que perteneces a un equipo de patinaje, Coral? —le preguntó su tía de regreso a casa.

—¡Fabuloso! Tendré nuevas amigas. Además, tú sabes que me encanta ese deporte. Si entreno lo suficiente seré una patinadora profesional... y tendré un hermoso vestido lleno de lentejuelas.

En casa, la niña les contó a sus padres lo que había pasado. Ellos se sintieron emocionados. Estaban muy agradecidos con la tía por el regalo, nunca habían visto a su hija tan feliz.

Coral quería prepararse para el primer entrenamiento. Decidió hacer una práctica complementaria en el patio de la casa. Más tarde, en el cuarto de televisión, puso unos videos para aprender de los campeones. ¡Aún no lo podía creer!, estaba tan emocionada.

AHORA COMPRUEBA

¿Por qué los padres de Coral están agradecidos con la tía?

Antes de irse a dormir, Coral limpió los patines amarillos, les sacó brillo y los abrazó con cariño. Los dejó listos al lado de su cama.

Al día siguiente después de la escuela, en la pista, la entrenadora habló con el equipo.

—En dos meses vamos a participar en el Concurso de Danza y Patinaje. Tenemos que entrenar todos los días después de la escuela. Así que, ¡vamos, equipo!

Después, la entrenadora dio las primeras instrucciones: hacer los estiramientos debidos, sin patines.

Detective del lenguaje	**La palabra subrayada es un verbo en infinitivo. Busca otros verbos en infinitivo en esta página.**

Después del estiramiento, la entrenadora indicó las rutinas con patines. Una de las niñas realizó los ejercicios frente a todas, a modo de ejemplo. Así, Coral aprendió la rutina y pudo entender las sugerencias de la entrenadora.

A continuación, vino la práctica con música clásica. Con esta entrenaron los movimientos de la danza. Tan pronto sonó la primera nota, los patines amarillos comenzaron a brillar y todas las niñas sonrieron.

Veinte minutos después, la entrenadora puso música rápida. Entonces, los patines amarillos empezaron a despedir chispas doradas. Este comportamiento inusual en unos patines se repitió una y otra vez durante los entrenamientos.

AHORA COMPRUEBA

¿Por qué brillan los patines?

En cada entrenamiento, se hacía evidente que los patines de Coral podían hacer cosas geniales. Los demás querían imitarlos, pero no eran tan fantásticos. Se acercaba el concurso. La entrenadora felicitó al equipo por su ritmo y sincronización.

El día del evento, los jueces inauguraron la competencia. Estuvieron atentos a cada uno de los movimientos de los diferentes equipos.

Cuando apareció el de Coral y Luz, sucedió algo increíble. Los maravillosos patines amarillos empezaron a brillar y a danzar. Los de las otras niñas los siguieron, y la presentación se convirtió en una fiesta.

El público quedó sorprendido y se contagió del amor del equipo por el patinaje. Todos aplaudían con emoción.

—El equipo ganador es —dijo al fin uno de los jueces—: el de la competidora con los patines que lanzan destellos.

Al conocer la noticia, los patines amarillos danzaron y lanzaron chispas de felicidad.

Respuesta a la lectura

Resumir

Usa detalles importantes de *Los patines amarillos* para resumir el cuento. Puedes usar el organizador gráfico como ayuda.

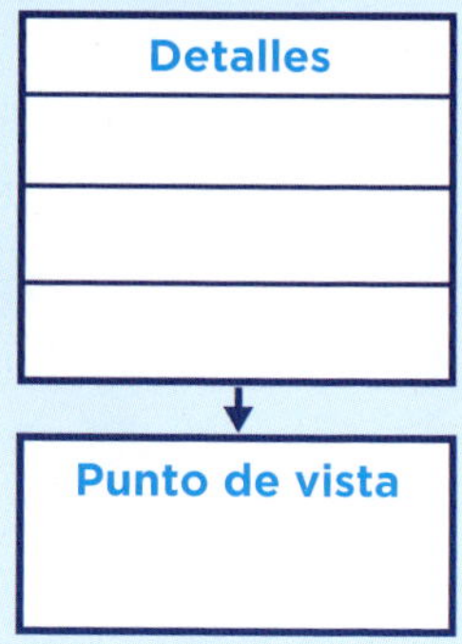

Evidencia en el texto

1. ¿Cómo sabes que *Los patines amarillos* es un cuento de fantasía? **GÉNERO**

2. ¿Quién narra el cuento? ¿Qué claves te lo indican? **PUNTO DE VISTA**

3. En la página 8 aparece la palabra *graderías*, ¿cuál es su significado? Usa claves que te ayuden a comprender el significado. **CLAVES EN EL PÁRRAFO**

4. Elige una de las escenas del cuento y nárrala desde el punto de vista de Luz. **ESCRIBIR SOBRE LA LECTURA**

Género Leyenda

Compara los textos

Lee una leyenda japonesa acerca de un gato y un joven que se ayudan mutuamente.

El gato que hace señas

Había una vez un joven músico pobre. Tocaba bien el violín, pero no ganaba dinero suficiente para comprar alimento.

Una tarde, cuando estaba cenando arroz y pescado, un escuálido gato blanco se le acercó y maulló. El animal se veía muy hambriento.

Como sintió pesar por el gato, el músico le dio un poco de pescado y arroz. El gato ronroneó y se marchó, mientras tanto el joven pobre se fue a dormir hambriento esa noche.

La noche siguiente se desató una tormenta. El músico se resguardó bajo un árbol enorme, cercano a una gran casa blanca. Los truenos rugían y los rayos iluminaban el cielo.

El músico miró hacia la casa y las luces cálidas en su interior. En la entrada estaba sentado el gato blanco de la noche anterior.

¡Maulló y levantó una patita blanca como si hiciera señas al joven para que se acercara! El músico corrió a través del jardín. Un hombre abrió la puerta y mientras el gato se deslizaba, el hombre invitó al músico a entrar.

Unos segundos más tarde, un rayo cayó sobre el árbol. Una rama inmensa se desplomó sobre el lugar donde el músico había estado. El gato lo había salvado.

En la casa, el músico cenó deliciosos platos con el hombre. Luego, este le preguntó qué había en el estuche. El joven sacó su violín y comenzó a tocar. El hombre aplaudió con agrado.

—¡La suerte te ha traído esta noche aquí! —dijo—. Dirijo una orquesta y necesitamos un violinista. ¿Te unes a nosotros?

—¡Puedo comenzar mañana! —respondió el joven.

Desde ese día, ni el gato ni el músico se separaron. El hombre adoptó al músico como su hijo, quien se convirtió en un violinista famoso conocido en todo el mundo. Todo por un gato que hacía señas.

Haz conexiones

¿Qué hizo el gato para que el joven se sintiera bienvenido? **PREGUNTA ESENCIAL**

Compara la manera en que se consiguen nuevos amigos en *Los patines amarillos* y *El gato que hace señas.* **EL TEXTO Y OTROS TEXTOS**

Enfoque:
Género

Fantasía La fantasía tiene características que no serían posibles en la vida real. Algunos tipos de fantasía tienen lugar en mundos antiguos con dragones y tesoros. Otros ocurren en ambientes modernos e incluyen animales que hablan o criaturas fantásticas con poderes especiales.

Lee y descubre Vuelve a leer la descripción de los patines amarillos y las cosas maravillosas que podían realizar. Piensa en lo que pueden hacer los patines en la vida real y en lo que hacen los de este cuento.

Tu turno

Trabaja en grupo para convertir una escena de *Los patines amarillos* en un cuento de ciencia ficción. ¿Cómo representarías a los personajes? ¿A los patines? Asegúrate de incluir a Luz y a Coral en tu cuento y su reacción frente a los patines maravillosos.